AF427643

Naviguer dans la Tempête Émotionnelle : Le Guide Ultime pour Comprendre, Affronter et Transformer la Colère

De l'identification des signaux à la communication efficace : Stratégies, Exercices et Témoignages pour une Vie Débarrassée des Explosions de Colère et un Bien-Être Émotionnel Renouvelé

Giacomo Salvati

Introduction • Brève présentation de l'importance de comprendre et de gérer la colère dans la vie quotidienne.

Chapitre 1 : Introduction à la colère • Qu'est-ce que la colère ? • Pourquoi nous nous sentons en colère : aspects biologiques et psychologiques.

Chapitre 2 : L'importance de la gestion de la colère • Conséquences négatives de la colère sur la santé physique et mentale.

Chapitre 3 : Reconnaître les signaux précoces • Comment identifier les signaux du corps. • Signaux émotionnels de l'arrivée de la colère.

Chapitre 4 : Origines de la colère • Stress et frustrations quotidiennes. • Expériences traumatisantes ou négatives passées.

Chapitre 5 : Les différents types de colère • Définition des différents types et comment ils se manifestent.

Chapitre 6 : Conscience émotionnelle • Explorer ses propres émotions. • Exercices pour développer la conscience de soi.

Introduction : La colère et sa place dans notre vie

La colère est l'une des émotions fondamentales de l'être humain, au même titre que la joie, la tristesse, la peur et l'amour. À différents moments de la vie, nous faisons tous l'expérience de la colère. Que ce soit à cause d'un contretemps dans la circulation, d'un désaccord avec un collègue ou d'une profonde frustration personnelle, la colère a la capacité de surgir dans les moments les plus inattendus. Mais pourquoi la colère est-elle si importante ? Pourquoi ne pouvons-nous pas simplement l'ignorer ou la réprimer ? La colère, comme toute émotion, a une fonction. Elle peut nous signaler que quelque chose ne va pas, qu'un de nos droits a été violé, ou que nos attentes ne sont pas satisfaites. C'est une sonnette d'alarme qui nous dit de prêter attention, de défendre nos besoins ou de rechercher un changement. Cependant, lorsqu'elle n'est pas correctement gérée, la colère peut se transformer en un ennemi silencieux qui mine notre bien-être, nos relations et notre qualité de vie.

L'importance de la gestion de la colère ne se limite pas à la prévention des épisodes désagréables ou des explosions émotionnelles. Il s'agit de se comprendre, de construire des relations saines et de vivre une vie équilibrée et satisfaisante. Une colère non maîtrisée peut entraîner des problèmes de santé tels que l'hypertension et les maladies cardiaques, détériorer les relations personnelles et professionnelles, et réduire notre capacité à profiter des petites joies de la vie.

Dans ce livre, nous entreprendrons un voyage pour comprendre la nature de la colère, ses causes et comment elle peut être gérée de manière efficace et constructive. À travers des exemples, des histoires réelles, des stratégies et des techniques, j'espère vous fournir les outils nécessaires pour aborder la colère de manière saine et la transformer en une force positive dans votre vie.

La gestion de la colère ne signifie pas éliminer cette émotion, mais plutôt apprendre à l'exprimer de manière appropriée, à écouter son message et à l'utiliser comme une boussole pour orienter nos actions de manière positive. Je vous invite donc à me rejoindre dans ce voyage de découverte, de prise de conscience et de transformation.

Chapitre 1 : Introduction à la colère

La colère : une définition La colère est une émotion intense que nous avons tous éprouvée au moins une fois dans notre vie. Elle se manifeste comme une réaction à une perception de menace ou d'injustice, réelle ou imaginaire, et peut varier en intensité d'une légère contrariété à une profonde colère. Il s'agit d'une réponse naturelle et, dans certains contextes, peut même être considérée comme protectrice ou adaptative.

Mais avant d'approfondir pourquoi nous nous mettons en colère, définissons précisément ce que signifie "colère". La colère peut être définie comme une réaction émotionnelle intense qui se produit en réponse à un événement ou à une situation perçue comme menaçante ou frustrante. Elle peut se manifester par divers comportements, pensées et sensations physiques, tels que le rougissement du visage, l'accélération du rythme cardiaque ou le désir de réagir physiquement ou verbalement.

Origines biologiques et psychologiques de la colère

Aspects biologiques : L'être humain, tout comme de nombreux autres animaux, a développé des mécanismes de défense pour faire face à des situations potentiellement dangereuses. Ces mécanismes sont enracinés dans notre biologie. Lorsque vous percevez une menace, votre corps réagit en libérant diverses hormones, dont l'adrénaline et le cortisol. Ces hormones préparent le corps à une réponse immédiate, souvent décrite comme "fight or flight" (se battre ou fuir). Il s'agit d'un héritage évolutif qui nous a permis de survivre dans des environnements hostiles. En réponse à ces sécrétions hormonales, la fréquence cardiaque peut augmenter, les muscles peuvent se tendre, et l'attention peut se focaliser sur la source de la menace. C'est la biologie de la colère en action.

Aspects psychologiques : Du point de vue psychologique, la colère naît souvent de perceptions, de pensées ou de croyances liées à l'injustice, à la violation de nos droits ou à l'incapacité à atteindre un objectif. C'est pourquoi deux personnes peuvent réagir différemment à la même situation : cela dépend de la manière dont elles interprètent et évaluent cette situation. Certains d'entre nous sont plus enclins à ressentir de la colère en raison d'expériences de vie antérieures, de traumatismes ou de modèles appris pendant l'enfance. Par exemple, si vous avez appris enfant que l'expression de la colère est le seul moyen d'attirer l'attention ou de défendre vos droits, vous pouvez porter ce modèle comportemental à l'âge adulte.

En conclusion, la colère est le résultat d'une interaction complexe entre la biologie et la psychologie. Comprendre ces deux aspects nous aide à reconnaître la colère lorsqu'elle se présente et à développer des stratégies pour la gérer de manière saine et constructive. Au fur et à mesure de notre voyage, nous explorerons davantage comment ces deux dimensions s'influencent mutuellement et comment nous pouvons travailler sur elles pour améliorer notre relation avec la colère.

Chapitre 2 : L'importance de la gestion de la colère

Conséquences de la colère sur la santé : bien plus qu'une simple question émotionnelle Lorsque nous pensons à la colère, nous avons tendance à nous concentrer sur ses manifestations immédiates : les cris, les disputes animées et, dans certains cas, les comportements agressifs. Cependant, les répercussions de la colère vont bien au-delà de ses manifestations visibles. La colère chronique ou mal gérée peut avoir de profondes implications sur notre santé physique et mentale.

Santé physique et colère : un lien préoccupant

1. Problèmes cardiovasculaires : La colère fréquente ou intense peut accroître le risque de maladies cardiaques. L'augmentation de la fréquence cardiaque et de la pression artérielle, typique des réponses à la colère, peuvent, à long terme, endommager les vaisseaux sanguins et le cœur.

2. Système immunitaire compromis : Les épisodes répétés de colère peuvent affaiblir le système immunitaire, rendant le corps plus vulnérable aux infections et aux maladies.

3. Problèmes digestifs : La colère peut perturber la digestion, entraînant des symptômes tels que la gastrite ou les ulcères.

4. Insomnie : La tension et le stress associés à la colère peuvent avoir un impact sur la qualité du sommeil.

Santé mentale : L'ombre cachée de la colère

1. Anxiété et dépression : La colère chronique peut entraîner des états d'anxiété prolongés. Si elle n'est pas maîtrisée, la colère peut également conduire à des sentiments d'impuissance, qui sont liés à la dépression.

2. Baisse de la qualité des relations : La colère non contrôlée peut nuire aux relations avec les amis, la famille et les collègues, entraînant des sentiments d'isolement et de solitude.

3. Faible estime de soi : Vivre dans un état
   d'irritation ou de frustration constante
   peut avoir un impact négatif sur la
   perception de soi et l'estime de soi.

4. Abus de substances : Certaines personnes
   peuvent utiliser de l'alcool ou des drogues
   comme moyen de gérer ou de réprimer la
   colère, ce qui peut entraîner des
   dépendances et d'autres problèmes de
   santé mentale.

En conclusion : La colère au-delà de
l'explosion momentanée La gestion de la
colère ne consiste pas seulement à éviter
les conflits ou les explosions de colère ; il
s'agit de protéger notre bien-être général.
La colère non maîtrisée a un coût élevé,
tant sur le plan physique que mental.
Reconnaître l'importance de la gestion de
la colère et entreprendre des démarches
actives vers une gestion efficace est la
première étape vers une vie plus saine et
équilibrée. Tout au long de ce livre, nous
explorerons davantage comment y
parvenir en fournissant des outils et des

stratégies pour une gestion saine de la colère.

Chapitre 3 : Reconnaître les signaux précoces

La prise de conscience avant l'explosion : l'importance de reconnaître les signaux

L'un des aspects fondamentaux de la gestion de la colère est la capacité de reconnaître les signaux précoces avant que la colère ne prenne le dessus. Ces signaux peuvent se manifester à la fois sur le plan physique et émotionnel. Les reconnaître nous permet d'intervenir avant que la situation n'explose, rendant ainsi la gestion de la colère plus facile et plus efficace.

Identifier les signaux du corps : la physiologie de la colère

1. Augmentation de la fréquence cardiaque : L'un des premiers signaux de l'arrivée de la colère peut être une accélération ou des palpitations cardiaques.

2. Tension musculaire : Vous pouvez ressentir une tension, en particulier au niveau des épaules, de la mâchoire ou des poings.

3. Respiration précipitée : La respiration peut
   devenir plus superficielle et plus rapide.
4. Transpiration : Certaines personnes
   peuvent commencer à transpirer,
   notamment au niveau des mains ou du
   front.
5. Sensations de chaleur ou de froid : Vous
   pouvez ressentir des vagues de chaleur ou,
   au contraire, des frissons.
6. Estomac agité : La colère peut également
   se manifester par une sensation de malaise
   ou de nausée.
   Signaux émotionnels de l'arrivée de la
   colère : lire les émotions
1. Irritation : C'est souvent le premier signe.
   De petites choses qui vous passent
   normalement au-dessus peuvent
   commencer à vous agacer.
2. Frustration : Se sentir impuissant ou
   bloqué dans une situation peut être un
   précurseur de la colère.
3. Sentiments d'injustice : La perception que
   quelque chose n'est pas juste ou que vos
   droits ont été violés.

4. Anxiété ou sentiments de panique : La tension croissante peut se manifester par de l'anxiété.

5. Envie de réagir : Un fort désir intérieur de réagir, pouvant se traduire par l'envie de crier, de jeter quelque chose ou même de réagir physiquement.

En conclusion : Prévenir plutôt que guérir Le vieil adage "mieux vaut prévenir que guérir" est particulièrement vrai en ce qui concerne la colère. Reconnaître ces signaux précoces vous offre une fenêtre d'opportunité pour intervenir, prendre un moment pour vous calmer et évaluer la situation de manière rationnelle.

Chapitre 4 : Origines de la colère

Les racines de la colère : À la recherche des causes profondes La colère, comme toutes les émotions, ne naît pas de nulle part. Elle a des racines que l'on peut retracer dans diverses expériences, situations ou sentiments intérieurs. Comprendre d'où vient la colère peut non seulement aider à mieux la gérer, mais aussi à la prévenir ou à la réduire. Examinons certaines des causes les plus courantes.

Stress et frustrations quotidiennes : La tension continue

1. Pressions de la vie moderne : Nous vivons dans un monde trépidant, avec de nombreuses demandes et attentes qui pèsent sur nous. Ces pressions peuvent s'accumuler, créant un état de stress chronique qui rend plus facile de glisser dans la colère.

2. Obstacles et imprévus : Lorsque nos plans sont interrompus ou que nous rencontrons des obstacles inattendus, la frustration peut monter rapidement.

3. Conflits relationnels : Les désaccords avec votre partenaire, votre famille, vos amis ou vos collègues peuvent facilement alimenter des sentiments de colère.

4. Problèmes au travail : Les défis tels que les charges de travail excessives, les conflits avec les collègues ou la satisfaction au travail insatisfaisante peuvent être des sources significatives de stress et de colère. Expériences traumatisantes ou négatives passées : L'ombre du passé

1. Abus ou violence : Les personnes ayant subi des abus physiques, émotionnels ou sexuels peuvent porter en elles une colère profonde refoulée.

2. Pertes et deuil : La perte d'un être cher, d'une relation ou d'une opportunité peut provoquer des sentiments de colère, en particulier si la perte est perçue comme injuste.

3. Expériences d'enfance : Des événements ou des circonstances pendant l'enfance, tels que le harcèlement, la négligence ou la vie dans un environnement familial instable, peuvent laisser des cicatrices

émotionnelles qui se manifestent sous forme de colère à l'âge adulte.

4. Traumatismes accumulés : Parfois, il ne s'agit pas d'un seul événement traumatique, mais d'une série de petits traumatismes ou d'injustices accumulées au fil du temps qui alimentent la colère. En conclusion : Introspection et compréhension Les origines de la colère peuvent être complexes et interconnectées. Prendre le temps de réfléchir aux causes profondes de vos sentiments de colère peut offrir des aperçus précieux sur la façon de la gérer. Avec la compréhension, nous pouvons développer de l'empathie pour nous-mêmes et des stratégies ciblées pour faire face aux situations et aux émotions déclenchantes. Dans les chapitres suivants, nous explorerons davantage ces aspects, en fournissant des outils et des techniques pour aborder les racines de notre colère. Chapitre 5 : Les différents types de colère Nuances de la colère : Au-delà de la simple "colère" La colère n'est pas une émotion monolithique. Elle présente différentes

nuances et intensités, et comprendre les différents types de colère peut nous aider à mieux la gérer. Chaque forme de colère a ses propres manifestations particulières, causes et solutions potentielles.

1. Colère passive : Définition : Il s'agit d'une forme subtile de colère qui n'est pas exprimée ouvertement. La personne peut éviter les conflits, mais exprime sa colère à travers des comportements passifs-agressifs. Manifestations : Sarcasme, retard chronique, comportement hostile sous forme de "blagues" ou de commentaires caustiques.

2. Colère explosive : Définition : Cette forme de colère est soudaine et intense, souvent en réponse à une provocation. Elle peut se manifester sous forme d'explosion de colère. Manifestations : Hurlements, destruction d'objets, agressivité physique.

3. Colère refoulée : Définition : La colère refoulée est lorsque les sentiments de colère sont gardés à l'intérieur et ne sont pas exprimés, s'accumulant avec le temps. Manifestations : Tension chronique,

irritabilité, sensation d'être "sur le point d'exploser", problèmes de santé tels que des maux de tête ou de l'hypertension.

4. Colère ressentie : Définition : Elle naît d'un sentiment d'injustice ou de vieilles blessures et rancœurs qui n'ont pas été résolues. Manifestations : Rumination sur de vieux torts, difficulté à pardonner, comportement vindicatif.

5. Colère constructive : Définition : Cette forme de colère est utilisée comme catalyseur pour un changement positif. C'est un état de colère contrôlé et dirigé vers la résolution de problèmes. Manifestations : Plaidoyer, lutte pour la justice, engagement dans des causes sociales.

6. Colère chronique : Définition : Il s'agit d'un état persistant d'irritabilité, qui peut ne pas être lié à une cause spécifique. Les personnes atteintes de colère chronique sont souvent en colère une grande partie du temps. Manifestations : Irritabilité constante, pessimisme, tendance à voir le pire dans les situations.

En conclusion : Personnaliser la gestion de la colère Identifier le type spécifique de colère que vous expérimentez peut fournir des informations précieuses sur la façon de la traiter. Toutes les stratégies ne fonctionnent pas pour tous les types de colère, donc comprendre votre nuance de colère peut aider à choisir l'approche la plus efficace. Dans les chapitres suivants, nous fournirons des outils et des techniques qui peuvent être personnalisés en fonction du type de colère que vous affrontez.

Chapitre 6 : La conscience émotionnelle de soi

Au cœur des émotions : L'art de se connaître La conscience émotionnelle de soi n'est pas seulement la capacité de reconnaître quand vous êtes en colère, mais aussi de comprendre pourquoi et comment les émotions interagissent entre elles. Ce chapitre explorera comment apprendre à écouter et à interpréter vos propres émotions, en fournissant également des exercices pour développer une plus grande conscience.

Explorer vos émotions : Le voyage intérieur

1. Le langage des émotions : Chaque émotion a un message. Par exemple, la colère peut indiquer que vous avez subi une injustice, tandis que la tristesse peut suggérer une perte.

2. L'interconnexion émotionnelle : Rarement, nous ressentons une seule émotion à la fois. La colère peut s'accompagner de déception, de douleur ou de honte.

3. Écouter sans jugement : Explorer les émotions sans les juger permet de comprendre vraiment d'où elles viennent.

Exercices pour développer la conscience de soi : Pratiques quotidiennes

1. Journal des émotions : Prenez quelques minutes chaque jour pour écrire ce que vous ressentez. Cela peut aider à reconnaître des modèles ou des déclencheurs récurrents.

2. Méditation : La pratique de la méditation peut vous aider à devenir plus conscient de

vos émotions et de vos pensées, offrant un moment d'introspection.

3. Bilans émotionnels : Au cours de la journée, prenez un moment pour vous arrêter et demandez-vous : "Comment je me sens en ce moment ?" Cela peut vous aider à développer le réflexe de reconnaître et de nommer vos émotions.

4. Dialogue avec vous-même : Lorsque vous vous sentez particulièrement émotif, essayez de vous poser des questions comme : "Pourquoi est-ce que je me sens ainsi ?" ou "Qu'est-ce qui a déclenché cette émotion ?".

5. Art et créativité : Vous exprimer par l'art, l'écriture ou la musique peut être un moyen puissant d'explorer et de comprendre vos émotions.

En conclusion : La conscience comme boussole La conscience émotionnelle de soi est comme une boussole interne. Lorsque nous comprenons vraiment nos émotions, nous pouvons naviguer dans la vie avec plus d'intention et de but. En développant une relation plus profonde avec vos propres émotions, vous serez mieux équipé pour faire face, gérer et transformer la colère de manière constructive. Dans les chapitres suivants, nous explorerons des outils et des stratégies spécifiques pour gérer la colère en fonction de cette conscience émotionnelle fondamentale.

Chapitre 7 : Techniques de respiration et de relaxation

Respirer intentionnellement : La clé d'un esprit calme Le pouvoir de la respiration dans la gestion de la colère ne doit pas être sous-estimé. Le simple acte de respirer consciemment peut agir comme un interrupteur, transformant un moment de colère intense en une pause de réflexion. Ce chapitre présentera différentes techniques de respiration et de relaxation, accompagnées d'exercices pratiques.

Le lien entre la respiration et la colère Lorsque nous sommes en colère, notre respiration devient plus rapide et superficielle, et le corps se prépare à l'action. Prendre le contrôle de notre respiration peut nous aider à ramener le corps à un état de calme, créant ainsi de l'espace pour réagir avec plus de clarté et de conscience.

Exercices de respiration

1. Respiration profonde :
   - Assis ou allongé dans une position confortable.
   - Inspirez lentement par le nez en sentant le diaphragme et l'estomac se dilater.
   - Faites une courte pause.
   - Expirez lentement par la bouche en relâchant complètement l'air.
   - Répétez pendant 3 à 5 minutes.
2. Comptage de la respiration :
   - Inspirez lentement en comptant jusqu'à quatre.
   - Retenez votre souffle pendant un compte de quatre.
   - Expirez lentement en comptant jusqu'à quatre.
   - Répétez pendant 3 à 5 minutes.

3. Respiration abdominale :
   - Placez une main sur la poitrine et l'autre sur l'estomac.
   - Inspirez profondément en utilisant le diaphragme, en sentant uniquement l'estomac monter.
   - Expirez lentement en sentant l'estomac descendre.
   - Répétez pendant 3 à 5 minutes.

Techniques de relaxation

1. Relaxation musculaire progressive :
   - Commencez par les pieds et avancez jusqu'à la tête, tendant puis relâchant chaque groupe musculaire pendant 5 à 10 secondes.
   - Concentrez-vous sur la sensation de détente qui suit la tension.
2. Visualisation positive :
   - Fermez les yeux et imaginez un endroit ou une situation qui vous rend calme et heureux.
   - Plongez dans cette image, en remarquant les couleurs, les sons et les sensations.

3. Écoute consciente :

- Écoutez de la musique apaisante ou des sons de la nature.
- Concentrez-vous sur le son, ramenant votre attention chaque fois que votre esprit s'éloigne.

En conclusion : Un souffle à la fois En des moments de colère intense, la respiration et les techniques de relaxation peuvent être vos alliées les plus puissantes. En les pratiquant régulièrement, elles deviennent des outils que vous pouvez utiliser automatiquement lorsque vous êtes confronté à des situations stressantes. Dans le prochain chapitre, nous explorerons comment communiquer efficacement, en construisant sur la base de calme et de clarté créée grâce à ces techniques.

Chapitre 8 : Communication efficace

Parler du cœur : L'art de la communication non violente La communication efficace va au-delà des mots que nous choisissons ; elle concerne également le ton, le langage corporel et l'intention. Lorsqu'il s'agit d'exprimer de la colère ou de la frustration, la capacité à communiquer de manière non agressive devient cruciale. Ce chapitre explore comment exprimer ses émotions de manière constructive et respectueuse, en préservant les relations et en favorisant la compréhension mutuelle.

La colère et la communication La colère, lorsqu'elle est exprimée de manière agressive ou passive, peut éroder la confiance et endommager les relations. Au contraire, si elle est canalisée à travers une communication efficace, elle peut devenir un catalyseur de changement et de croissance.

Principes de la communication non violente

1. Observation sans jugement : Évitez d'étiqueter ou de juger. Exprimez simplement ce que vous avez observé.

2. Expression des sentiments : Communiquez comment vous vous sentez à propos de ce que vous avez observé sans attribuer de culpabilité.

3. Expression des besoins : Partagez les besoins ou les désirs qui sous-tendent vos sentiments.

4. Faire des demandes claires : Indiquez ce que vous aimeriez qu'il se passe de manière claire et positive.
Stratégies pour une communication efficace

1. Écoute active : Concentrez-vous pleinement sur l'autre personne lorsque vous parlez, évitez de l'interrompre ou de formuler des réponses mentales.

2. Utilisez le "je" au lieu du "tu" : Commencez vos phrases par "Je ressens" ou "Je pense" au lieu de pointer du doigt avec "Tu fais toujours" ou "Tu ne fais jamais".

3. Demandez des éclaircissements : Si vous n'êtes pas sûr d'avoir compris, demandez à l'autre personne de répéter ou d'expliquer plus en détail.

4. Évitez l'escalade : Si la conversation devient trop tendue, faites une pause et reprenez lorsque vous serez tous deux plus calmes.

5. Pratiquez l'empathie : Essayez de vous mettre à la place de l'autre, en essayant de comprendre ses sentiments et ses perspectives.

Exercices pour une communication efficace

1. Jeu de rôle : Entraînez-vous avec un ami ou un membre de votre famille en jouant le rôle de la personne exprimant une préoccupation et de la personne écoutant, puis inversez les rôles.

2. Journalisation : Écrivez une situation où vous vous êtes senti en colère, puis réécrivez-la en exprimant vos sentiments et vos besoins de manière constructive.

3. Feedback : Après une discussion avec quelqu'un, demandez un retour d'information sur votre façon de communiquer. Cela peut vous aider à reconnaître les domaines à améliorer.

En conclusion : Les mots comme des ponts

Les mots ont le pouvoir de construire des ponts ou de créer des barrières. La clé est d'apprendre à communiquer de manière à rapprocher les gens, même lorsque le sujet est difficile ou chargé d'émotions. Dans le prochain chapitre, nous explorerons comment utiliser ces compétences de communication dans la résolution des conflits, en créant des solutions qui respectent les besoins de toutes les parties impliquées.

Chapitre 9 : Résolution des conflits

De la tension à la compréhension : Chemins vers la paix Les conflits sont une partie inévitable de la vie. Ce qui détermine la santé de nos relations et notre paix intérieure n'est pas l'absence de conflits, mais notre capacité à les gérer et à les résoudre de manière constructive. Dans ce chapitre, nous explorerons des stratégies pratiques pour aborder et résoudre les conflits de manière à favoriser une meilleure compréhension et une plus grande collaboration.

Le conflit : une perspective Le conflit n'est pas intrinsèquement négatif. Il peut servir de signal indiquant qu'un changement est nécessaire ou qu'il existe des besoins et des désirs non exprimés ou non satisfaits. La clé est de le gérer de manière proactive et constructive.

Stratégies pour la résolution des conflits

1. Écoute efficace : Assurez-vous de comprendre véritablement le point de vue de l'autre avant de répondre. Cela peut aider à prévenir les malentendus et à établir la confiance.

2. Évitez de blâmer : Pointer du doigt ou attribuer la culpabilité peut mettre l'autre personne sur la défensive. Concentrez-vous plutôt sur les actions et les solutions.

3. Trouvez un terrain d'entente : Cherchez des points d'accord pour créer une base sur laquelle construire une solution commune.

4. Utilisez la technique du "sandwich" : Commencez par un retour positif, suivez avec votre point de préoccupation ou de désaccord, et terminez par un autre commentaire positif.

5. Soyez flexible : Parfois, la meilleure solution nécessite un compromis. Être ouvert au changement peut aider à trouver une solution qui convient à tous.

6. Utilisez la technique "arrêtez et clarifiez" :
   Si vous remarquez que la conversation
   dérive ou devient trop émotionnelle, faites
   une pause et reprenez quand les deux
   parties sont plus calmes.
7. Mettez tout en perspective : Considérez
   l'importance du problème dans le contexte
   plus large de la relation ou de la situation.
   Exercices pour la résolution des conflits
1. Scénarios hypothétiques : Envisagez
   différentes situations de conflit et
   réfléchissez à la manière dont vous
   pourriez y répondre en utilisant les
   stratégies énumérées ci-dessus.
2. Analyse post-conflit : Après un désaccord
   ou un conflit, prenez un moment pour
   réfléchir à ce qui s'est bien passé, à ce que
   vous auriez pu faire différemment et à ce
   que vous avez appris.
3. Jeu de rôle : Entraînez-vous avec un
   partenaire dans des scénarios de conflit, en
   essayant différentes stratégies pour voir
   lesquelles fonctionnent le mieux pour vous.
   En conclusion : Trouver le chemin de la
   paix Chaque conflit offre une opportunité :

celle de grandir, de mieux comprendre les autres et nous-mêmes, et de construire des relations plus fortes et plus résilientes. Avec les bonnes stratégies et une approche ouverte et collaborative, nous pouvons transformer les moments de désaccord en ponts vers une plus grande connexion et compréhension. Dans le prochain chapitre, nous approfondirons la manière de gérer et de canaliser la colère dans divers contextes de relations interpersonnelles.

Chapitre 10 : La colère dans les relations interpersonnelles
Naviguer dans les eaux agitées : Garder son calme dans les relations La colère, lorsqu'elle est mal gérée, peut gravement endommager nos relations. Que ce soit dans une relation familiale, romantique ou professionnelle, la gestion efficace de la colère est cruciale pour maintenir des liens solides et sains. Ce chapitre explore comment gérer la colère dans divers contextes relationnels et offre des stratégies spécifiques pour chaque type de relation.
La colère dans les différentes relations : Aperçu

- Relations familiales : Dans ce contexte, les émotions sont souvent plus profondes et complexes en raison de l'histoire partagée et des liens de sang.
- Relations romantiques : La colère dans ce contexte peut être amplifiée par des attentes non satisfaites et une vulnérabilité émotionnelle.

- Relations professionnelles : Dans ces relations, il est essentiel de maintenir un équilibre entre une expression saine et le professionnalisme.
  Stratégies pour gérer la colère dans les relations familiales

1. Temps de qualité : Consacrez régulièrement du temps pour vous reconnecter et résoudre de petits problèmes avant qu'ils ne deviennent grands.
2. Établissement de limites : Ayez des discussions claires sur ce qui est acceptable et ce qui ne l'est pas.
3. Thérapie familiale : Envisagez de rechercher un soutien extérieur en cas de problèmes persistants.
   Stratégies pour gérer la colère dans les relations romantiques
1. Communication ouverte : Partagez régulièrement vos sentiments et vos préoccupations, en vous assurant que vous êtes tous les deux écoutés.
2. Créer des espaces sécurisés : Créez des moments où vous pouvez vous exprimer

sans craindre le jugement ou les
représailles.

3. Conseil de couple : Une ressource précieuse en cas de défis récurrents dans la relation.

Stratégies pour gérer la colère dans les relations professionnelles

1. Faire une pause et réfléchir : Prenez un moment pour vous calmer avant de répondre à une situation stressante.

2. Feedback constructif : Si vous avez des problèmes avec un collègue, exprimez vos préoccupations de manière constructive et axée sur la solution.

3. Méditation ou techniques de relaxation : Utilisez-les pour gérer le stress et éviter l'accumulation de colère.

Exercices pour gérer la colère dans les relations

1. Journal relationnel : Notez les situations où vous avez ressenti de la colère dans une relation et réfléchissez à la façon dont vous avez géré la situation et comment vous auriez pu faire mieux.

2. Jeu de rôle : Entraînez-vous avec un ami ou un thérapeute en simulant des situations de conflit, en essayant différentes stratégies pour voir lesquelles fonctionnent le mieux pour vous.

En conclusion : Construire des ponts, pas des barrières N'oubliez pas que chaque relation connaît des moments de tension et de désaccord. Ce qui compte, c'est la façon dont nous abordons ces défis et travaillons ensemble pour construire une compréhension et une confiance mutuelles. Avec les bonnes stratégies et un engagement sincère, nous pouvons naviguer à travers la colère et renforcer nos relations en cours de route. Dans le prochain chapitre, nous explorerons des stratégies immédiates pour faire face à la colère au moment où elle se manifeste.

Chapitre 11 : Stratégies de maîtrise immédiate

Quand la tempête arrive : Guide pratique pour gérer la colère Chacun de nous a connu des moments où la colère semble prendre le dessus. En de tels moments, il peut sembler impossible de garder le contrôle. Cependant, avec les bonnes techniques et une préparation adéquate, nous pouvons faire face à ces épisodes de manière constructive. Ce chapitre présentera des techniques immédiates à appliquer lorsque la colère explose. Comprendre la colère instantanée La colère instantanée est souvent une réaction instinctive à une perception de menace ou d'injustice. Bien qu'elle puisse servir de mécanisme de défense, elle peut également conduire à des décisions impulsives et dommageables.

Techniques de maîtrise immédiate

1. Compter jusqu'à dix : Cette technique classique donne à votre cerveau le temps de se calmer et d'évaluer la situation avant de réagir.

2. Respiration profonde : En vous
   concentrant sur votre respiration, vous
   pouvez ralentir votre rythme cardiaque et
   apaiser votre système nerveux.
3. Temps mort : Si vous sentez que votre
   colère est sur le point d'éclater, éloignez-
   vous de la situation et accordez-vous le
   temps de vous calmer.
4. Se concentrer : Concentrez-vous sur un
   objet ou une image paisible, comme une
   photo d'un être cher ou d'un lieu relaxant.
5. Remise en perspective : Demandez-vous à
   quel point cette situation sera importante
   dans un jour, une semaine ou un an. Cela
   peut vous aider à mettre les choses en
   perspective.
6. Remplacer les pensées négatives : Au lieu
   de vous concentrer sur ce qui vous a mis en
   colère, pensez à quelque chose de positif ou
   de relaxant.
7. Utiliser des affirmations positives :
   Répétez des phrases comme "Je peux gérer
   cette situation" ou "Je prends le contrôle
   de mes émotions".
   Outils à avoir à portée de main

1. Application de méditation : De nombreux smartphones proposent des applications offrant de courtes séances de méditation guidée, utiles en cas de stress intense.

2. Musique : Avoir une liste de lecture de chansons relaxantes ou inspirantes peut être un excellent moyen de détourner l'attention de la colère.

3. Bloc-notes ou application d'écriture : Écrire ce que vous ressentez peut vous aider à traiter votre colère et à la voir sous un autre jour.

En conclusion : La colère ne contrôle pas, c'est vous qui avez le contrôle La clé pour gérer la colère instantanée est la préparation. En vous connaissant et en ayant les bonnes techniques et les bons outils à portée de main, vous pouvez faire face et surmonter même les épisodes de colère les plus intenses. Dans le prochain chapitre, nous discuterons de la façon dont les croyances limitantes peuvent influencer notre perception et notre gestion de la colère.

Chapitre 12 : Reconnaître les croyances limitantes

Les chaînes invisibles : Comment nos croyances façonnent notre réaction à la colère Chacun de nous porte un ensemble de croyances acquises au fil de la vie. Ces croyances, souvent enracinées dans l'enfance ou dans des expériences passées, peuvent influencer profondément notre manière de percevoir et de réagir aux événements de la vie, y compris notre façon de gérer la colère. Alors que certaines de ces croyances peuvent être utiles, d'autres peuvent nous limiter. Ce chapitre explorera comment reconnaître et surmonter ces croyances limitantes.

Le pouvoir des croyances Les croyances sont comme des lentilles à travers lesquelles nous voyons le monde. Elles peuvent influencer notre comportement, nos réactions émotionnelles, et même notre estime de soi.

Identification des croyances limitantes Certaines croyances courantes qui peuvent influencer la gestion de la colère comprennent :

1. "Je n'ai pas le droit d'être en colère." Cette croyance peut conduire à refouler la colère jusqu'à ce qu'elle explose de manière incontrôlable.
2. "Si je montre ma colère, les autres me rejetteront." Cela peut conduire à éviter les conflits à tout prix, même au détriment de ses propres besoins.
3. "La colère est une faiblesse." Cette vision peut empêcher de confronter et de gérer la colère de manière saine.

Surmonter les croyances limitantes

1. Réflexion et conscience : Reconnaître qu'une croyance existe est la première étape pour la changer.
2. Remettez en question vos croyances : Demandez-vous si votre croyance est vraiment exacte et si elle vous sert toujours.
3. Réécrire votre histoire : Remplacez les croyances limitantes par des affirmations positives qui vous soutiennent.

4. Thérapie et coaching : Un professionnel peut vous aider à identifier et à travailler sur des croyances enracinées.

5. Entourez-vous de soutien : Avoir des amis ou de la famille qui vous encouragent peut faire une grande différence.
Exercices pour travailler sur les croyances limitantes

1. Journal des croyances : Écrivez vos croyances dans un carnet et évaluez comment elles influencent votre comportement et vos émotions.

2. "Défi de la croyance" : Chaque fois que vous identifiez une croyance limitante, écrivez un argument contraire ou un exemple qui montre le contraire.
En conclusion : Libérez votre esprit, libérez votre âme Les croyances limitantes peuvent agir comme des chaînes invisibles, nous retenant et nous empêchant de vivre pleinement notre vie. Reconnaître et affronter ces croyances est essentiel pour une gestion saine de la colère et une vie plus épanouissante. Dans le prochain chapitre, nous explorerons l'importance du

pardon et de l'acceptation dans le processus de gestion de la colère.

Chapitre 13: Pardon et acceptation
Le Pont vers la Paix Intérieure : L'Art du Pardon et de l'Acceptation Le pardon n'est pas seulement un geste envers les autres, mais aussi un cadeau que nous nous faisons. Grâce au pardon et à l'acceptation, nous pouvons nous libérer du poids des offenses passées et des sentiments négatifs qui nous retiennent, nous permettant de vivre avec plus de sérénité. Ce chapitre explorera l'importance du pardon et offrira des exercices pratiques pour le cultiver dans notre vie.

Pourquoi le pardon est-il important ?

1. Libération émotionnelle : La rancœur et la colère refoulée peuvent devenir un fardeau. Le pardon nous libère de ces chaînes émotionnelles.

2. Bien-être physique : De nombreuses études ont montré que le pardon peut réduire le

stress, abaisser la pression artérielle et améliorer la santé générale.

3. Croissance personnelle : Le pardon nous permet d'apprendre de nos expériences, de développer de l'empathie et de mûrir en tant qu'individus.

4. Réconciliation : Bien que le pardon ne signifie pas nécessairement se réconcilier avec ceux qui nous ont fait du mal, il peut ouvrir la porte au dialogue et à la compréhension.

Accepter ce qui ne peut pas être changé L'acceptation ne signifie pas l'approbation. Cela signifie reconnaître la réalité d'une situation et décider de ne pas laisser cette situation contrôler ou définir notre vie. Exercices pratiques pour le pardon et l'acceptation

1. Méditation du pardon : Consacrez quelques minutes chaque jour à méditer sur le concept du pardon. Visualisez la personne ou la situation qui vous a causé de la douleur et imaginez-vous en train de relâcher ce fardeau.

2. Écrire une lettre : Écrivez une lettre à la personne qui vous a blessé. Il n'est pas nécessaire de l'envoyer, mais le processus d'écriture peut vous aider à traiter vos sentiments.

3. Dialogue intérieur : Lorsque vous ressentez de la rancœur ou de la colère, parlez-vous. Demandez-vous pourquoi vous vous sentez ainsi et ce que vous pouvez faire pour libérer ces sentiments.

4. Pratiquer la gratitude : Concentrez-vous sur ce qui est positif dans votre vie. Tenir un journal de gratitude peut vous aider à vous concentrer sur les bonnes choses et à laisser aller le négatif.

5. Demander de l'aide : Si vous trouvez difficile de pardonner, envisagez de consulter un thérapeute ou un conseiller pour vous guider dans le processus. En conclusion : Le voyage du cœur Le pardon et l'acceptation sont des étapes essentielles dans le voyage vers une vie plus paisible et plus harmonieuse. Bien que cela puisse être difficile, les avantages pour notre santé mentale, physique et

émotionnelle sont immenses. Dans le prochain chapitre, nous discuterons de la manière de gérer la colère chez les enfants, en offrant des conseils aux parents et aux éducateurs.

Capitolo 14: Gérer la colère chez les enfants Petites Flammes, Grandes Éruptions : Naviguer à travers la Colère des Enfants Les enfants, avec leur nature explosive et leur manque de filtres émotionnels, peuvent exprimer la colère de manière qui peut sembler disproportionnée aux adultes. Cependant, il est essentiel de comprendre que, comme pour les adultes, la colère est une réponse naturelle et saine à des situations de frustration ou de peur. Ce chapitre offre des outils et des stratégies pour aider les parents et les éducateurs à gérer et à canaliser de manière constructive la colère chez les enfants. Comprendre la colère chez les enfants La colère chez les enfants a souvent ses racines dans des sentiments d'impuissance, de frustration ou de mécompréhension. Ils peuvent ne pas avoir encore développé les compétences de communication pour exprimer ce qu'ils ressentent, ce qui peut entraîner des manifestations de colère.

Outils et stratégies pour les parents et les éducateurs

1. Écoute active : Écoutez l'enfant sans l'interrompre et essayez de comprendre la source de sa frustration.

2. Validation des sentiments : Même si vous ne partagez pas la réaction de l'enfant, reconnaissez et validez ses sentiments.

3. Exercices de respiration : Enseignez à l'enfant des techniques de respiration profonde pour l'aider à se calmer.

4. Temps mort constructif : Au lieu de punir, utilisez le temps d'arrêt comme un moment pour que l'enfant réfléchisse et se calme.

5. Expression artistique : Encouragez l'enfant à dessiner ou à écrire ce qu'il ressent. Cela peut servir de défoulement pour ses émotions.

6. Jeu de rôle : Simulez des situations qui pourraient déclencher de la colère et travaillez ensemble pour trouver des solutions.

7. Établissement de limites claires : Les enfants prospèrent avec la structure. Établir des règles et des limites claires peut aider à prévenir des épisodes de colère.

8. Modèle de comportement : Les enfants apprennent en observant. Montrez des techniques de gestion de la colère dans votre routine quotidienne.

9. Parler de l'avenir : Après qu'un épisode de colère s'est apaisé, discutez avec l'enfant de la manière dont il pourrait gérer une situation similaire à l'avenir.

10. Recherche de signaux avant-coureurs : Observez l'enfant et notez tout signe ou schéma qui précède une explosion de colère. Intervenir tôt peut prévenir un épisode complet.

Chapitre 15 : Pleine conscience
La Sérénité au Cœur de la Tempête : La Pleine Conscience et la Gestion de la Colère
La pleine conscience, ou pratique de la conscience, puise ses origines dans des traditions méditatives anciennes, mais elle est devenue de plus en plus populaire ces dernières années en tant qu'outil thérapeutique et de croissance personnelle. Ce chapitre explorera comment la pleine conscience peut offrir un puissant remède contre la colère, nous aidant à faire face aux défis de la vie avec équilibre et sérénité, plutôt que de réagir de manière impulsive.

Qu'est-ce que la Pleine Conscience ? La pleine conscience est la capacité d'être pleinement présent, conscient de où nous sommes et de ce que nous faisons, sans réagir de manière excessive ou être submergé par ce qui se passe autour de nous.

Pleine Conscience et Colère : La Connexion

1. Observation sans Jugement : La pleine conscience nous apprend à accueillir nos pensées et nos sentiments sans jugement. Lorsque nous ressentons de la colère, nous pouvons l'observer sans nous identifier à elle ni agir de manière impulsive.

2. Interrompre le Cycle : En pratiquant la pleine conscience, nous pouvons reconnaître quand nous sommes sur le point de réagir avec colère et choisir une réponse plus réfléchie.

3. Reconnaître les Déclencheurs : La pleine conscience nous aide à devenir plus conscients des situations, des pensées ou des sentiments qui déclenchent notre colère.

Exercices de Pleine Conscience pour la Colère

1. Méditation de Balayage Corporel : Cette pratique nous invite à prêter attention à différentes parties de notre corps, en reconnaissant les tensions et en les relâchant.

2. Respiration Consciente : En se concentrant sur la respiration, nous pouvons apaiser l'esprit et nous recentrer, surtout lorsque nous sentons que la colère monte.

3. Marche en Pleine Conscience : En marchant lentement et délibérément, nous pouvons nous ancrer dans le moment présent et nous éloigner de la source de notre colère.

4. Exercice de Reconnaissance : Lorsque vous ressentez de la colère, prenez un moment pour la reconnaître : "Je ressens de la colère". Ce simple acte de reconnaissance peut interrompre le cycle de la réaction impulsive.

Pleine Conscience dans la Vie Quotidienne

Incorporer la pleine conscience dans votre routine quotidienne ne signifie pas que vous devez méditer pendant des heures chaque jour. Cela peut être aussi simple que de prendre quelques instants pour respirer profondément au cours de la journée, ou de faire une pause pour prendre conscience de comment vous vous sentez physiquement et émotionnellement.

En Conclusion : La Sérénité au Milieu de la Tempête La pleine conscience offre un refuge de calme et de conscience au beau milieu des tempêtes émotionnelles de la vie. Grâce à une pratique régulière, nous pouvons développer une capacité à gérer la colère qui est enracinée dans la bienveillance envers nous-mêmes et les autres. Dans le prochain chapitre, nous explorerons quand et comment rechercher un soutien professionnel pour la gestion de la colère.

Chapitre 16 : Thérapie et Soutien Professionnel

Un Pont vers l'Équilibre : Chercher de l'Aide Professionnelle pour Gérer la Colère Alors que de nombreuses personnes trouvent un soulagement et des stratégies efficaces grâce à la pratique individuelle et à la croissance personnelle, il y a des moments où la colère devient trop accablante ou nuisible. Dans de telles situations, rechercher une aide professionnelle peut être la clé pour rétablir l'équilibre et trouver des solutions durables.

Quand Chercher de l'Aide Professionnelle ?

1. Colère Incontrôlable : Quand la colère devient trop intense ou fréquente et a un impact négatif sur votre vie quotidienne.

2. Se Faire du Mal ou Faire du Mal aux Autres : Quand la colère conduit à des comportements violents ou autodestructeurs.

3. Problèmes Relationnels : Si la colère entraîne des problèmes dans vos relations personnelles ou professionnelles.

4. Implication Légale : Dans des situations où la colère a conduit à des problèmes légaux, tels que des agressions ou des dommages matériels.

Les Avantages de la Thérapie

1. Environnement Sûr : Un thérapeute offre un environnement neutre et confidentiel où vous pouvez exprimer et explorer votre colère.

2. Compréhension Approfondie : Avec l'aide d'un professionnel, vous pouvez creuser

plus profondément dans les causes sous-jacentes de votre colère.

3. Outils et Stratégies : Les thérapeutes peuvent fournir des outils et des techniques spécifiques pour gérer et canaliser la colère de manière saine.

4. Soutien Continu : La thérapie offre un soutien régulier pour vous aider à rester sur la bonne voie dans votre parcours de gestion de la colère.

Types de Thérapies pour la Colère

1. Thérapie Cognitivo-Comportementale (TCC) : Cette approche se concentre sur la reconnaissance et la modification des pensées et des comportements négatifs.

2. Thérapie Interpersonnelle : Elle se concentre sur l'amélioration des compétences en communication et la résolution des problèmes dans les relations.

3. Groupes de Soutien : Des groupes de personnes partageant des défis similaires peuvent offrir compréhension, conseils et soutien mutuel.

4. Thérapies Corps-Esprit : Des approches telles que la biofeedback ou la méditation qui relient l'esprit et le corps pour gérer les réactions émotionnelles.

Comment Trouver le Bon Thérapeute

1. Demandez des Recommandations : Les médecins, les amis ou les collègues peuvent avoir des recommandations.

2. Évaluation Initiale : De nombreux thérapeutes proposent des sessions initiales pour déterminer s'ils conviennent à vos besoins.

3. Expérience et Spécialisation : Cherchez un professionnel spécialisé dans la gestion de la colère ou des problématiques similaires.

4. Suivez Votre Instinct : Il est important de vous sentir à l'aise et en confiance avec le thérapeute que vous choisissez.

En Conclusion : L'Aide Extérieure comme Pont vers l'Harmonie

Bien que l'auto-gestion et les stratégies personnelles soient essentielles, il y a parfois besoin d'un ancrage extérieur pour nous aider à naviguer à travers les tempêtes émotionnelles. La thérapie et le soutien professionnel peuvent être cette boussole qui nous guide vers des eaux plus calmes. Dans le prochain chapitre, nous discuterons des stratégies préventives pour éviter les exacerbations de la colère.

Chapitre 17 : Prévention de la Colère
L'Anticipation comme Clé : Réduction de la Fréquence et de l'Intensité de la Colère
Si la gestion de la colère est la première étape pour maintenir l'équilibre émotionnel, la prévention est la stratégie avisée pour minimiser les circonstances où cette gestion devient nécessaire. En comprenant et en mettant en œuvre des stratégies préventives, nous pouvons réduire la fréquence et l'intensité des moments de colère dans notre vie.
Stratégies Préventives : La Base
1. Connaissance de Soi : Comprendre vos déclencheurs personnels est essentiel. Reconnaître les situations ou les personnes qui ont tendance à vous provoquer peut vous aider à les éviter ou à vous préparer à de telles situations.

2. Gestion du Stress : Le stress est une cause majeure de la colère. Trouvez des techniques de relaxation, comme la méditation ou le yoga, qui vous aident à gérer le stress quotidien.

3. Maintenir un Équilibre de Vie : Assurez-vous de prendre du temps pour vous, pour les activités que vous aimez et pour le repos. Un corps et un esprit bien reposés sont moins enclins à réagir avec colère.

4. Expression Positive : Trouvez des moyens sains d'exprimer vos émotions, comme l'écriture, le dessin ou parler à un ami de confiance.

5. Entraînement Cognitif : Apprenez à reconnaître et à remettre en question les pensées négatives ou déformées qui peuvent alimenter la colère.

Créer un Environnement Positif

1. Entourez-vous de Positivité : Entourez-vous de personnes et de situations qui élèvent votre esprit et vous donnent une perspective positive sur la vie.

2. Établissez des Limites : Apprenez à dire
   "non" et à établir des limites pour éviter les
   situations stressantes ou conflictuelles.

3. Évitez l'Isolement : Partagez vos
   préoccupations ou vos frustrations avec les
   autres. Parfois, en parler peut soulager la
   tension et prévenir l'accumulation de
   colère.

Nutrition et Santé Physique

1. Alimentation Équilibrée : Manger des
   aliments sains et équilibrés peut avoir un
   impact sur votre humeur et votre capacité
   à gérer le stress.

2. Exercice Physique : L'activité physique
   aide à libérer la tension et à produire des
   endorphines, des substances chimiques
   naturelles qui favorisent le bonheur.

3. Évitez les Stimulants et les Dépresseurs :
   L'alcool, la caféine et certaines drogues
   peuvent altérer votre humeur et votre
   capacité à gérer la colère.

En Conclusion : La Prévention comme
Mode de Vie

Prévenir la colère ne signifie pas éliminer
toutes les sources potentielles de

frustration de votre vie. Cela signifie plutôt développer une mentalité et des habitudes qui vous permettent d'aborder la vie avec une perspective plus équilibrée et paisible. Dans le prochain chapitre, nous plongerons dans les histoires de ceux qui ont transformé leur colère en quelque chose de positif.

Chapitre 18 : Histoires de Succès
La Puissance de la Transformation
La colère, si elle n'est pas contrôlée, peut causer d'importants dégâts dans notre vie et nos relations avec les autres. Cependant, avec la bonne approche et les bonnes stratégies, il est possible de la transformer en un puissant catalyseur de changement et de croissance personnelle. Dans ce chapitre, nous partagerons quelques témoignages inspirants d'individus qui ont réussi à transformer leur colère en quelque chose de constructif et de positif.

1. Marco : De Boxeur à Médiateur
Marco était connu pour sa nature explosive. Un jour, lors d'une dispute avec

un collègue, il lui asséna un coup de poing qui lui coûta son emploi et une plainte. Au lieu de sombrer davantage dans la colère, Marco décida de chercher de l'aide. Grâce à la thérapie et aux techniques de méditation, il parvint non seulement à maîtriser sa colère, mais aussi à utiliser sa capacité à comprendre les conflits pour devenir un médiateur professionnel.

2. Giulia : Transformer la Colère en Art
Après une douloureuse rupture, Giulia se retrouva submergée par la colère et la frustration. Au lieu de se laisser consumer par ces émotions, elle décida de les canaliser dans la peinture. Avec le temps, ses toiles devinrent l'expression de ses émotions, transformant sa colère en de magnifiques œuvres d'art qui touchaient le cœur de ceux qui les contemplaient.

3. Andrea : L'Athlète à Succès
Andrea a grandi dans un quartier difficile où la colère et la violence étaient la norme. Pour lui, la solution fut le basket. Au lieu de libérer sa colère dans les rues, Andrea se consacra entièrement au sport. Chaque fois

qu'il sentait la colère monter, il la libérait sur le terrain. Cette détermination le conduisit à obtenir une bourse d'études pour l'université, puis à devenir un joueur professionnel.

4. Elisa : La Colère comme Motivation
Après avoir été licenciée de manière injuste, Elisa se sentit en colère et trahie. Au lieu de se laisser abattre, elle utilisa cette colère comme carburant pour créer sa propre entreprise. Elle dirige désormais l'une des plus grandes entreprises de son secteur, offrant de l'emploi à de nombreuses personnes et montrant qu'avec la bonne mentalité, la colère peut être un puissant moteur de succès.
En Conclusion : La Colère Comme Opportunité
Les histoires de Marco, Giulia, Andrea et Elisa ne sont que quelques-unes parmi de nombreuses histoires de personnes qui ont su transformer la colère d'un ennemi en alliée. Chaque histoire est unique, mais elles partagent toutes une leçon fondamentale : avec détermination,

soutien et les bonnes stratégies, la colère peut devenir une opportunité de croissance et de réussite inattendue. Dans le prochain chapitre, nous vous fournirons des exercices pratiques pour vous aider à mettre en pratique ce que vous avez appris.

Chapitre 19 : Exercices Pratiques

La Théorie en Action Comprendre la colère et ses dynamiques est fondamental, mais mettre en pratique ce que nous avons appris est la véritable étape vers la transformation. Dans ce chapitre, nous fournirons une série d'exercices pratiques pour vous aider à gérer, exprimer et transformer votre colère de manière constructive.

---

1. Registre de la Colère Objectif : Augmenter la conscience des situations qui déclenchent la colère. • Prenez un carnet et notez chaque fois que vous vous sentez en colère. • Écrivez la situation, l'heure de la journée, ce qui a déclenché votre colère et

comment vous vous êtes senti. • Après une semaine, relisez vos notes. Recherchez des modèles ou des thèmes récurrents.

---

2. Respiration Carrée Objectif : Calmer le système nerveux et réduire immédiatement la colère. • Trouvez un endroit calme. • Respirez lentement en comptant jusqu'à 4. • Retenez votre souffle en comptant jusqu'à 4. • Expirez lentement en comptant jusqu'à 4. • Répétez pendant au moins 5 minutes.

---

3. Réécriture de l'Histoire Objectif : Changer la perspective sur les événements passés qui provoquent de la colère. • Pensez à un événement passé qui vous met toujours en colère. • Écrivez l'histoire telle que vous vous en souvenez. • Maintenant, essayez de la réécrire sous un angle différent ou en imaginant une issue positive.

---

4. Dialogue avec la Colère Objectif : Mieux comprendre les origines de votre colère. • Imaginez que votre colère soit une

personne assise en face de vous. • Posez
des questions à votre colère. Demandez
pourquoi elle est présente et ce qu'elle
veut. • Écoutez les réponses. Vous pourriez
découvrir des informations précieuses sur
vos émotions cachées.

---

5. Entraînement au Feedback Objectif :
   Exprimer vos sentiments de colère de
   manière constructive. • Pratiquez le
   partage de commentaires avec un ami ou
   un membre de votre famille en utilisant la
   formule "Quand tu... je me sens... parce
   que...". • Cette méthode permet d'exprimer
   la colère sans blâmer l'autre.

---

6. Méditation sur la Compréhension Objectif
   : Développer l'empathie et réduire la colère
   envers les autres. • Asseyez-vous
   confortablement et fermez les yeux. •
   Pensez à une personne qui vous a
   récemment mis en colère. • Imaginez voir
   le monde à travers ses yeux, y compris ses
   stress et ses défis. • Ouvrez votre cœur à la
   compréhension et à l'empathie.

Conclusion : La pratique rend parfait. Continuez à vous exercer avec ces activités en les adaptant à vos besoins. Avec le temps, vous remarquerez une diminution des épisodes de colère et une meilleure capacité à gérer les situations de manière constructive. Dans le prochain chapitre, nous parlerons de la conception d'un parcours de croissance continue vers une vie sans colère.

Chapitre 20 : La Voie vers une Vie Sans Colère

La Transformation Continue La gestion de la colère n'est pas une destination que l'on atteint une fois pour toutes. Au contraire, c'est un voyage continu de croissance et d'apprentissage. Cependant, avec les bons outils et une vision claire, il est possible de construire une vie où la colère ne domine pas nos réactions, mais sert de signal pour une meilleure compréhension de soi.

1. Vision et Valeurs Objectif : Définir une vision claire de la vie que vous souhaitez, où la colère est gérée de manière saine. • Écrivez une déclaration de vision pour vous-même dans laquelle vous imaginez votre vie sans l'ombre constante de la colère. • Énumérez les valeurs fondamentales que vous souhaitez honorer dans votre vie, telles que le respect, la patience ou la compréhension.

2. Planification Proactive Objectif : Anticiper et prévenir les situations qui pourraient déclencher la colère. • Prenez note des situations qui, comme vous l'avez appris, ont tendance à déclencher votre colère. • Pensez à des moyens proactifs de faire face à ces situations à l'avenir, tels que éviter des stimuli particuliers ou préparer à l'avance des réponses calmes.

3. Réseau de Soutien Objectif : Entourez-vous de personnes qui vous soutiennent dans votre parcours de gestion de la colère. • votre parcours de gestion de la colère. •

Identifiez les amis, la famille ou les professionnels qui peuvent vous aider lorsque vous vous sentez submergé. • Établissez un système de "vérification" avec ces personnes, où elles peuvent offrir des commentaires ou simplement vous écouter.

4. Révision et Réflexion Objectif : Évaluez régulièrement vos progrès et adaptez votre plan de gestion de la colère en conséquence. • Prenez un moment chaque semaine ou chaque mois pour réfléchir à vos progrès. • Relisez votre "Registre de la Colère" et notez les améliorations éventuelles ou les domaines qui nécessitent davantage d'attention.

5. Formation Continue Objectif : Restez à jour sur les dernières recherches et techniques de gestion de la colère. • Participez à des séminaires, lisez des livres ou rejoignez des groupes de soutien dédiés à la gestion de la colère. • Partagez ce que vous apprenez avec les autres, contribuant

ainsi à créer une communauté de
personnes qui gèrent la colère de manière
saine.

---

6. Célébrez Vos Réussites Objectif :
Reconnaissez et célébrez vos progrès tout
au long du chemin. • Lorsque vous
remarquez des améliorations dans la façon
dont vous gérez la colère, prenez un
moment pour le reconnaître. • Faites-vous
plaisir avec de petites récompenses,
comme une journée de détente ou un
traitement spécial.

Conclusion : Rappelez-vous, le chemin vers
une vie sans colère est un voyage, pas une
destination. Il y aura des hauts et des bas,
mais avec engagement, conscience et les
bonnes stratégies, vous pouvez construire
une vie caractérisée par la paix intérieure,
des relations saines et l'auto-réalisation.
Continuez à marcher avec détermination et
compassion envers vous-même.
Conclusion

La colère est une émotion universelle, une réaction humaine naturelle aux menaces, aux frustrations ou aux injustices. Mais, comme nous l'avons exploré tout au long de ce livre, la clé n'est pas de réprimer ou de nier cette émotion, mais plutôt de comprendre, d'accepter et de gérer de manière constructive la colère. La gestion de la colère ne concerne pas seulement l'évitement des conflits ou le maintien de la paix. Cela va bien au-delà. Il s'agit de vivre une vie plus authentique, consciente et satisfaisante. Lorsque nous apprenons à gérer la colère, nous nous donnons l'opportunité de répondre aux défis de la vie non pas avec une réactivité impulsée, mais avec conscience et intention. De cette manière, nous pouvons prendre des décisions plus sages, construire des relations plus solides et vivre avec un sentiment de paix intérieure. Le chemin vers une gestion efficace de la colère n'est pas toujours facile. Il y aura des moments où nous pourrions nous sentir submergés, frustrés ou découragés. Mais, comme nous l'avons vu, avec les bonnes stratégies, ressources et soutiens, nous pouvons transformer notre colère d'un ennemi en un allié, d'une ombre assombrissant notre vie en une lumière éclairant notre chemin vers une meilleure compréhension de nous-mêmes et de notre croissance personnelle.

En conclusion, je tiens à encourager chaque lecteur à poursuivre son propre voyage d'exploration et de gestion de la colère. Que vous veniez de commencer ou que vous soyez déjà bien engagé dans ce chemin, sachez que chaque pas, même le plus petit, vous rapproche d'une version de vous-même plus paisible, équilibrée et harmonieuse. Rappelez-vous que le bien-être émotionnel n'est pas une destination, mais un voyage. Et alors que vous vous aventurez dans ce voyage, soyez bon envers vous-même, reconnaissez vos progrès et célébrez chaque succès en cours de route. Votre capacité à gérer la colère est un cadeau non seulement pour vous, mais aussi pour les personnes qui vous entourent, pour vos relations et pour le monde en général. Continuez à nourrir et à cultiver cette capacité, et vous verrez comment elle peut transformer votre vie de manière que vous n'auriez jamais imaginée. Merci d'avoir partagé ce voyage d'apprentissage et de croissance. Je vous souhaite tout le succès possible dans votre voyage continu vers le bien-être émotionnel.

Annexe • Ressources Supplémentaires, Livres, Cours et Références sur le Sujet.

Annexe

Ressources Supplémentaires et Lectures Recommandées La compréhension et la gestion de la colère sont des domaines d'étude vastes et en constante évolution. Si vous souhaitez approfondir davantage, voici quelques ressources recommandées qui peuvent vous fournir des informations et des outils supplémentaires :

1. Livres : • "La Danse de la Colère" par Harriet Lerner - Une analyse approfondie de la colère chez les femmes et comment la

transformer en une force positive. • "L'art de Dompter la Colère" par Thich Nhat Hanh - Une interprétation bouddhiste de la gestion de la colère grâce à la pleine conscience et à la méditation. • "Colère : Gérer l'Émotion la Plus Destructrice" de Ronald Potter-Efron - Explore les racines de la colère et propose des techniques pratiques pour la gérer.

2. Cours en Ligne : • "Gestion de la Colère 101" - Un cours d'introduction qui offre un aperçu complet des causes, des effets et des techniques de gestion de la colère. • "Pleine Conscience et Colère" - Un cours qui combine des pratiques de pleine conscience et des techniques de gestion de la colère.

3. Organisations et Groupes de Soutien : • Association Française pour la Gestion de la Colère (AFGC) - Une organisation qui propose des ressources, de la formation et du soutien aux individus et aux professionnels. • Groupes de Soutien pour la Gestion de la Colère - Des groupes locaux qui offrent des réunions et des

sessions pour partager des expériences et des stratégies de gestion de la colère.

4. Références Scientifiques et Articles : • Journal de la Colère et de l'Agression - Une revue universitaire dédiée à la recherche sur la colère et l'agressivité. • "Colère et Neurosciences" - Un article qui explore les aspects neurologiques et biologiques de la colère.

5. Applications et Outils Numériques : • Calme - Une application de méditation et de relaxation, avec des sessions spécifiques pour la gestion des émotions. • Suivi de l'Humeur - Une application qui aide à suivre et à comprendre ses émotions quotidiennes, y compris la colère. Souvenez-vous, la clé est de trouver ce qui fonctionne le mieux pour vous. Tous les outils ou ressources ne conviendront pas à tout le monde, alors prenez le temps d'explorer et de découvrir ce qui vous parle le plus. Votre engagement à comprendre et à gérer votre colère est un investissement précieux dans votre bien-être et dans celui

des personnes qui vous entourent. Bon voyage !

Conclusion : Un parcours vers la compréhension et la gestion de la colère

Vous avez entrepris un voyage profond et complet à travers la compréhension de la colère, de ses origines, de ses manifestations et surtout des stratégies pour la gérer et la transformer en une force constructive plutôt que destructrice. Comme vous l'avez vu, la colère n'est pas nécessairement une émotion à éviter ou à réprimer, mais plutôt à comprendre, à accepter et à canaliser de manière productive. Résumé des points clés : Définition et compréhension de la colère : La colère est une réaction naturelle à certaines situations, liée à nos mécanismes biologiques et psychologiques. Gestion de la colère : Elle est importante pour notre santé mentale et physique. Reconnaissance des signaux : La conscience des signaux physiques et émotionnels peut aider à prévenir les explosions de colère.

Origines et types de colère : Comprendre les causes et les différentes manifestations de la colère nous aide à mieux la gérer. Outils et stratégies : De la pleine conscience à la thérapie, il existe de nombreuses stratégies efficaces pour gérer la colère. Ressources supplémentaires pour approfondir : Pour poursuivre votre parcours de croissance et de compréhension de la colère, je vous recommande de visiter les sites web et les guides suivants :

Anger Management Institute (www.angermanagementinstitute.com) : Une ressource complète en matière de cours, de formations et d'informations sur la gestion de la colère.

Mindful.org (www.mindful.org) : Il propose des articles et des guides sur la pleine conscience, qui peut être un outil précieux dans la gestion d'émotions fortes comme la colère.

Associazione Italiana per la Gestione della Rabbia (AIGR) (www.aigr.org) : Une ressource spécifique pour les Italiens, avec des articles, des recherches et des cours sur le sujet. Si vous avez l'impression que votre colère a un impact négatif sur votre vie ou vos relations, envisagez de consulter un professionnel. Les thérapeutes et les conseillers peuvent fournir des outils, des ressources et un soutien personnalisé pour vous aider. En fin de compte, votre engagement dans la gestion de la colère peut vous mener vers une vie plus paisible, plus heureuse et plus en harmonie avec vous-même et avec les autres. Votre volonté de faire face à votre colère et de travailler avec elle est un signe de force et de sagesse. Poursuivez votre parcours et trouvez la paix et la clarté dans vos réactions émotionnelles. Bonne route vers une compréhension plus profonde et une gestion efficace de votre colère !

Chapitre 21 : La colère à travers les cultures

La colère, bien qu'étant une émotion universelle, est influencée et façonnée par de nombreux facteurs culturels, sociaux et historiques. La manière dont elle se manifeste, s'exprime et est gérée peut varier considérablement d'une culture à l'autre. Ces différences peuvent découler de divers facteurs, tels que les croyances religieuses, les normes sociales, l'histoire et les traditions.

Comment différentes cultures et sociétés perçoivent et gèrent la colère : La perception et la gestion de la colère sont étroitement liées aux valeurs et aux normes culturelles d'une société. Par exemple, dans certaines cultures asiatiques, comme les cultures japonaise et chinoise, la colère est souvent perçue comme une perte de contrôle et peut être stigmatisée. L'expression ouverte de la colère peut être considérée comme socialement inacceptable, incitant ainsi les individus à réprimer ou à masquer leur colère.

En revanche, dans certaines cultures occidentales, exprimer sa colère de manière assertive (mais non agressive) peut être considéré comme un signe d'honnêteté et d'authenticité. Cependant, même dans ces cultures, il existe des normes sociales quant au moment et à la manière appropriés de manifester la colère.

Exemples historiques et contemporains de gestion de la colère dans différentes parties du monde : • Grèce antique : La colère, ou "thumos" en grec ancien, était souvent associée au désir de vengeance. Elle était à la fois louée en tant que moteur de courage au combat et critiquée lorsqu'elle causait des conflits inutiles. Des figures mythologiques telles qu'Achille sont des exemples de la manière dont la colère pouvait être à la fois une source de force et de faiblesse. • Inde : Le concept de "Krodh" dans le sikhisme est l'une des cinq passions ou vices que l'individu doit maîtriser. Dans le bouddhisme, la colère est considérée comme l'une des trois racines du mal, aux côtés du désir et de l'ignorance. • Cultures autochtones : De nombreuses cultures autochtones à travers le monde ont des rituels et des cérémonies spécifiques pour gérer et transformer la colère et d'autres émotions négatives, reconnaissant leur puissance mais aussi leur potentiel destructeur. • Sociétés modernes : Avec l'avènement des médias sociaux et des communications numériques, la colère a trouvé de nouvelles façons de se manifester, souvent amplifiée et déformée. Cependant, de nombreuses cultures reconnaissent également l'importance de la gestion de la colère et de l'éducation émotionnelle, ce qui conduit à une plus grande prise de conscience et compréhension de cette émotion puissante.

En conclusion, la colère, dans sa nature essentielle, peut être universelle, mais son contexte, son expression et sa gestion sont profondément enracinés dans la trame culturelle de chaque société. Comprendre ces différences peut offrir des aperçus précieux sur la manière de gérer la colère de manière efficace et constructive dans une société mondialisée.

Chapitre 22 : Neurobiologie de la colère

La colère, comme toutes les émotions, a des racines profondes dans notre cerveau. Plus précisément, elle peut être localisée et étudiée à travers le réseau de structures et de connexions neuronales qui collaborent pour produire, réguler et manifester cette puissante émotion. En ayant une meilleure compréhension de ce qui se passe dans notre cerveau lorsque la colère survient, nous pouvons être mieux préparés pour la gérer de manière efficace.

Ce qui se passe dans le cerveau lorsque nous devenons en colère : Lorsqu'une situation ou un stimulus est perçu comme une menace ou une source de frustration, notre cerveau commence un processus complexe de traitement. Cela commence par la perception du stimulus à travers nos sens, qui est ensuite traitée par les structures cérébrales pour déterminer une réponse appropriée. Si la réponse est la colère, alors une série d'événements neurobiologiques se met en place : libération d'hormones telles que le cortisol, augmentation du rythme cardiaque, afflux de sang vers les muscles et préparation à une éventuelle "lutte ou fuite".

La connexion entre la colère, l'amygdale et le cortex préfrontal : • Amygdale : Cette petite structure en forme d'amande dans notre cerveau joue un rôle crucial dans la perception et la réaction aux menaces. Elle est essentiellement le système d'alarme de notre cerveau. Lorsque nous percevons un stimulus comme une menace, l'amygdale s'active, entraînant une réponse émotionnelle rapide, telle que la colère. L'amygdale agit très rapidement, souvent avant que nous soyons conscients de la menace, nous préparant à réagir. • Cortex préfrontal : Situé à l'avant du cerveau, le cortex préfrontal est impliqué dans des fonctions supérieures telles que la prise de décision, la planification, l'inhibition des réponses impulsives et la régulation des émotions. En ce qui concerne la colère, le cortex préfrontal peut modérer ou inhiber les réponses automatiques générées par l'amygdale. Par exemple, il pourrait nous dire de nous arrêter et de réfléchir avant de réagir de manière impulsive dans une situation de colère.

La dynamique entre l'amygdale et le cortex préfrontal est fondamentale dans la gestion de la colère. Lorsqu'ils fonctionnent de manière optimale, le cortex préfrontal nous aide à réguler et à contrôler nos réponses immédiates générées par l'amygdale. Cependant, s'il y a une activité excessive dans l'amygdale ou une régulation insuffisante par le cortex préfrontal, nous pourrions rencontrer des difficultés à gérer notre colère.

En conclusion, la colère est un phénomène complexe impliquant de multiples structures et fonctions cérébrales. Une meilleure compréhension de sa neurobiologie peut nous fournir des outils précieux pour gérer cette émotion de manière plus consciente et efficace.

Chapitre 23 : La colère et le genre

Le genre joue un rôle important dans notre société et influence la manière dont les gens vivent et interprètent leurs émotions, y compris la colère. Il existe des perceptions culturelles et sociales profondément enracinées qui dépeignent les hommes comme étant plus agressifs et les femmes comme étant plus émotionnelles. Mais ces généralisations résistent-elles à l'analyse scientifique ? Explorons les différences entre les genres dans la manifestation et la gestion de la colère, ainsi que ce que disent les études récentes à ce sujet.

Différences dans la manifestation et la gestion de la colère entre les hommes et les femmes : • Hommes : Traditionnellement, dans la plupart des cultures, on a appris aux hommes à réprimer leurs émotions, à l'exception de la colère, qui est souvent considérée comme une émotion socialement acceptable pour eux. Les hommes peuvent exprimer leur colère de manière plus directe, comme l'agression physique ou verbale. De plus, ils peuvent avoir moins tendance à parler de leurs sentiments ou à chercher des solutions alternatives lorsqu'ils sont en colère. • Femmes : En revanche, les femmes sont souvent encouragées à exprimer leurs émotions, mais en même temps, elles peuvent se sentir dissuadées de montrer de la colère en raison des perceptions sociales qui qualifient la colère féminine d'"hystérique" ou d'"irrationnelle". Par conséquent, les femmes peuvent exprimer leur colère de manière indirecte, comme l'abstention ou le retrait, ou elles peuvent l'exprimer sous forme de tristesse ou de frustration plutôt que de colère pure. Études et recherches sur la corrélation entre la colère et l'identité de genre : • Certaines études suggèrent que les différences entre les hommes et les femmes dans la manifestation de la colère pourraient être davantage une question de socialisation que de biologie. Cela signifie que dès leur plus jeune âge, on leur apprend, par des exemples et des retours d'information, comment ils devraient se comporter en fonction de leur genre. • Récemment, avec l'évolution des discussions sur la fluidité du genre et l'acceptation des identités non binaires, la recherche s'est élargie pour explorer comment les personnes en dehors de la binarité de genre traditionnelle vivent et gèrent la colère. • Il est intéressant de noter que la culture et la socialisation jouent un rôle énorme dans la formation de notre perception de la colère par rapport au genre. Dans certaines cultures, par exemple, les femmes peuvent être aussi explicitement agressives que les hommes sans stigmatisation.

En conclusion, bien que les différences biologiques entre les genres puissent avoir un certain impact sur les émotions et le comportement, la culture, la socialisation et les attentes en matière de genre jouent un rôle prédominant dans la détermination de la manière dont les hommes, les femmes et les personnes non binaires manifestent et gèrent la colère. Il est essentiel de dépasser les stéréotypes de genre et de comprendre la colère comme une émotion humaine universelle, influencée par une multitude de facteurs internes et externes.

Chapitre 24 : La colère dans le numérique

Avec l'expansion des technologies numériques et l'omniprésence des médias sociaux, la colère a trouvé de nouveaux canaux d'expression. Le monde en ligne, tout en offrant de nombreuses opportunités de connexion et de communication, a également présenté des défis uniques dans la manifestation et la gestion de la colère. Ce chapitre explorera comment la colère se manifeste dans le monde numérique et fournira des outils et des techniques pour la gérer efficacement.

Comment la colère se manifeste-t-elle dans le monde en ligne : • Discussions sur les médias sociaux : La nature souvent impersonnelle des interactions en ligne peut donner aux gens l'impression qu'ils sont libres d'exprimer leur colère de manière qu'ils ne le feraient peut-être pas en personne. Cela peut entraîner des discussions enflammées où l'escalade de la colère devient rapide et incontrôlable. • Commentaires toxiques et trolls : Le phénomène des "trolls" sur Internet implique des individus qui provoquent délibérément d'autres utilisateurs pour susciter une réaction. Leur motivation découle souvent du désir d'attirer l'attention et de causer des conflits. • Cyberintimidation : Cette forme de harcèlement en ligne peut avoir des conséquences dévastatrices sur la santé mentale et émotionnelle des victimes. Les agresseurs utilisent souvent la colère et l'agression comme des outils pour intimider et tourmenter d'autres personnes en ligne.

Outils et techniques pour gérer la colère en ligne : • Faire une pause avant de répondre : Prendre un moment pour respirer et réfléchir avant de répondre à un commentaire ou à une publication irritante peut aider à prévenir l'escalade des émotions. • Limiter l'exposition : Si certains sujets, groupes ou individus ont tendance à susciter de la colère, il peut être utile de limiter l'exposition à ces déclencheurs. • Utilisation de filtres et de contrôles parentaux : Ces outils peuvent aider à filtrer les contenus offensants ou inappropriés, réduisant ainsi les occasions de confrontation. • Éducation numérique : Des cours et des programmes qui enseignent aux jeunes et aux adultes comment se comporter en ligne, en comprenant l'importance de la courtoisie en ligne et de la gestion des émotions dans le monde virtuel. • Recherche de soutien : Les groupes et les forums en ligne qui offrent un soutien et des conseils sur la manière de gérer la colère et l'agression en ligne peuvent être des ressources précieuses.

En conclusion, bien que le numérique ait rendu plus facile que jamais la connexion avec les autres, il a également apporté de nouveaux défis dans la gestion de la colère. Il est essentiel de disposer d'outils et de stratégies pour naviguer en ligne de manière saine et respectueuse, en prévenant l'escalade des conflits et en favorisant la compréhension.

Chapitre 25 : Colère et créativité

La colère, bien qu'elle soit souvent perçue comme une émotion destructrice, peut également devenir un puissant catalyseur de la créativité. De nombreux artistes, écrivains et créateurs ont découvert que la colère, lorsqu'elle est canalisée de manière productive, peut conduire à des œuvres d'art profondes, provocantes et révolutionnaires. Ce chapitre explore comment la colère peut être transformée en expression créative et présente des témoignages d'artistes qui ont utilisé cette émotion puissante comme source d'inspiration.

Comment canaliser la colère sous forme d'art et d'expression créative : • Écriture : La colère peut être transformée en mots, en poésie, en récits ou en essais. Écrire permet d'explorer et de traiter l'émotion, la transformant en une narration significative. • Arts visuels : La peinture, la sculpture, la photographie et d'autres formes d'art visuel peuvent devenir un moyen de représenter et de traiter les sentiments de colère. L'utilisation de la couleur, de la forme et de la texture peut exprimer l'intensité et la passion. • Musique : De nombreux musiciens ont utilisé la colère comme point de départ pour créer des chansons ou des compositions puissantes. Des genres tels que le punk, le rock et le rap, en particulier, ont souvent abordé des thèmes de colère et de résistance. • Danse : Le mouvement du corps peut devenir un moyen d'exprimer et de libérer la colère. La danse permet de canaliser l'énergie de manière physique, transformant l'émotion en action.

Témoignages d'artistes ayant utilisé la colère comme source d'inspiration : • Frida Kahlo : À travers ses œuvres, Kahlo a souvent exploré des thèmes de douleur, de souffrance et de colère, résultant de ses expériences personnelles de traumatisme physique et émotionnel. • The Clash : Ce groupe punk est connu pour ses chansons chargées de colère abordant des thèmes d'injustice sociale et politique. • Maya Angelou : Dans ses œuvres, Angelou a abordé des thèmes de colère, de racisme et de discrimination, utilisant sa voix pour explorer et condamner les injustices. • Ai Weiwei : Cet artiste et activiste chinois a utilisé son art comme moyen d'exprimer sa colère contre l'oppression et la censure du gouvernement chinois.

En résumé, bien que la colère puisse être une force destructrice, lorsqu'elle est dirigée de manière créative, elle peut également devenir une source d'inspiration, de résistance et de

changement. La capacité de transformer la colère en art est un puissant moyen d'expression et de guérison.
Chapitre 26 : Colère et sport

Le sport a toujours été un moyen d'évasion, un exutoire et une source de discipline pour de nombreuses personnes. La nature même du sport, combinant l'effort physique à la stratégie mentale, en fait une activité particulièrement utile pour ceux qui cherchent à gérer des émotions intenses telles que la colère. Ce chapitre examine comment le sport peut devenir un outil efficace dans la gestion de la colère et les avantages que l'activité physique peut apporter dans la régulation des émotions. Utilisation du sport comme exutoire et gestion de la colère : • Expression physique : La colère se manifeste souvent par une énergie physique accumulée. Le sport, avec ses mouvements et efforts physiques, offre l'opportunité de libérer cette énergie dans un environnement contrôlé et structuré. • Focalisation et discipline : De nombreuses disciplines sportives requièrent un haut niveau de concentration. Cette focalisation peut aider à détourner l'attention des déclencheurs de la colère et à la canaliser vers un objectif sportif. • Apprentissage de la défaite : Le sport enseigne que perdre fait partie du jeu. Cette leçon peut aider à développer une plus grande résilience et une meilleure gestion des frustrations, souvent à l'origine de la colère.

Avantages de l'activité physique dans la régulation des émotions : • Libération d'endorphines : L'activité physique stimule le corps à produire des endorphines, également connues sous le nom "d'hormones du bonheur". Ces substances chimiques naturelles agissent comme des analgésiques et améliorent l'humeur, aidant à neutraliser les sentiments de colère. • Réduction du stress : L'exercice physique est connu pour réduire les niveaux de stress, l'une des principales causes de la colère. Le sport aide à soulager la tension musculaire et à promouvoir un sentiment de bien-être. • Amélioration de l'estime de soi : La pratique sportive peut renforcer la confiance en soi et l'estime de soi, réduisant les sentiments de vulnérabilité qui peuvent déclencher la colère. • Développement de la socialisation : Les sports d'équipe, en particulier, offrent l'opportunité d'interagir avec les autres, d'apprendre à travailler ensemble et de gérer les conflits de manière constructive. En conclusion, le sport représente un puissant outil pour ceux qui cherchent à gérer et à transformer leur colère. La combinaison d'un effort physique, de la discipline mentale et de l'interaction sociale fait du sport un allié précieux dans la gestion des émotions intenses.

Chapitre 27 : Le lien entre la colère et d'autres émotions

La colère est souvent comme la pointe d'un iceberg : ce que nous voyons en surface ne représente qu'une petite partie de ce qui se trouve sous l'eau. Très souvent, cette émotion puissante peut masquer ou être étroitement liée à d'autres émotions. Comprendre et reconnaître ces liens peut offrir une clé essentielle pour gérer la colère de manière efficace. Dans ce chapitre, nous explorerons la relation entre la colère et d'autres émotions et fournirons des techniques pour explorer les émotions sous-jacentes.

Comment la colère peut masquer ou être liée à d'autres émotions : • Colère et tristesse : Il n'est pas rare que la colère masque une profonde tristesse ou déception. Par exemple, une personne peut exprimer de la colère après une rupture amoureuse, mais à la base de cette colère peut se trouver un profond sentiment de perte ou de deuil. • Colère et peur : La colère peut être une réponse défensive à des situations de danger ou de menace. Dans ce contexte, la colère agit comme une armure, protégeant l'individu de la vulnérabilité de la peur. • Colère et anxiété : L'anxiété, avec ses préoccupations incessantes, peut entraîner des sentiments de frustration et d'impuissance, qui à leur tour peuvent déclencher la colère. Techniques pour désamorcer la colère en explorant les émotions sous-jacentes : • Introspection : Prenez un moment pour réfléchir intérieurement et demandez-vous : "Que ressens-je vraiment ? Ma colère masque-t-elle une autre émotion ?" • Techniques de pleine conscience : La pratique de la pleine conscience peut aider à reconnaître et à séparer la colère des émotions sous-jacentes, permettant ainsi de faire face à chaque émotion de manière distincte. • Communication assertive : Exprimer ses sentiments de manière claire et non agressive peut aider à clarifier les causes de la colère et à les aborder de manière plus constructive. • Thérapie et conseils : Un thérapeute peut aider à explorer les émotions sous-jacentes à la colère et à fournir des outils pour les gérer. En conclusion, reconnaître que la colère peut être liée ou masquer d'autres émotions est essentiel pour une gestion efficace. En travaillant pour comprendre et faire face à ces émotions sous-jacentes, vous pouvez trouver une plus grande paix et un meilleur équilibre émotionnel. Conclusion de la section :

À travers ces derniers chapitres, nous avons exploré d'autres facettes et dimensions de la colère. De son lien avec la culture et la neurobiologie, à ses manifestations à l'ère numérique, en passant par son lien avec la créativité, le sport et d'autres émotions, il est clair que la colère est une émotion complexe, profondément enracinée dans nos expériences et influencée par de multiples facteurs. La clé pour une gestion efficace de la colère ne réside pas dans la suppression ou l'ignorance de cette émotion, mais dans

l'acceptation, la compréhension et l'utilisation d'outils et de techniques appropriés pour la canaliser de manière constructive.
Conclusion du livre :

Alors que nous arrivons à la fin de ce voyage, réfléchissons à un concept fondamental : la colère, comme toutes les émotions, fait partie de la condition humaine. Elle n'est ni bonne ni mauvaise en soi ; ce qui compte, c'est la manière dont nous choisissons d'y répondre. Tout ce que nous avons discuté et appris dans ce livre nous fournit les bases pour aborder la colère de manière consciente et constructive. S'il y a une chose à retenir, c'est que le chemin vers une gestion efficace de la colère est un processus continu d'apprentissage, d'introspection et de croissance personnelle.
Ressources supplémentaires : Pour ceux qui souhaitent approfondir davantage le sujet, nous vous recommandons de

consulter les sites web et les guides
suivants :

1. Association française de psychologie
2. Centre de pleine conscience et de thérapie
   cognitive
3. Réseau de soutien pour la gestion de la
   colère De plus, de nombreux cours,
   séminaires et ateliers sont disponibles dans
   de nombreuses villes, offrant une
   formation pratique et un soutien pour la
   gestion de la colère. Merci d'avoir entrepris
   ce voyage avec nous. Que vous puissiez
   trouver la paix intérieure et les réponses
   que vous recherchez dans votre parcours
   de compréhension et de gestion de la
   colère.